VOEUX

D'UN ÉLECTEUR.

PARIS.

IMPRIMERIE DE SELLIGUE,

RUE DES JEUNEURS, N. 14.

1830.

VOEUX D'UN ÉLECTEUR.

La situation dans laquelle se trouve la France, en ce moment, jette dans la plus vive inquiétude les véritables amis du trône et de leur pays.

Comment, en effet, n'être pas saisi de la crainte la mieux fondée, lorsque la violence des diverses factions qui, à différentes époques, ont troublé, ont ensanglanté la France, ose se reproduire aujourd'hui dans des écrits et par des actes dont il ne peut résulter que de nouveaux malheurs?

Assez vieux pour avoir été l'un des témoins de la révolution, trop ami de mon roi, de ma patrie pour avoir pu, dès-lors, être indifférent à tout ce qui se passait autour de moi, j'ai pu apprécier toutes les causes qui ont produit cette terrible catastrophe; j'ai vu naître les prétentions de ces mêmes factions qui s'agitent encore aujourd'hui, j'ai vu commencer leurs intrigues, ourdir leurs machinations, éclater leurs fureurs; elles m'ont appris, toutes ces factions, combien les sentimens que la nature a mis dans le cœur de la plupart des hommes pour favoriser leurs intérêts particuliers, à l'exclusion des autres intérêts, pour n'admettre que les idées qui peuvent flatter leur amour-propre, leur vanité; combien, dis-je, ces sentimens peuvent produire d'égaremens, d'injustices et de violences, lorsqu'ils n'ont point été réprimés par une éducation et des habitudes fondées sur des principes de sagesse et de modération.

En voyant ces mêmes factions surgir encore aujourd'hui, et menacer de nouveau ce qu'il y a de plus sacré dans le monde, le repos des peuples et des rois, tous les hommes paisibles, tous ceux qui sont en dehors de ces factions, c'est-à-dire l'immense majorité des Français, se lasse d'un prolongement aussi indéfini des maux qui ont si long-temps accablé la France; elle s'indigne de l'audace toujours croissante de ces mêmes factions; elle sent la nécessité comme l'urgence de réduire, à la fin, à un silence éternel cette poignée d'intrigans qui, sous diverses bannières, n'invoquent, les uns le nom de la liberté, les autres le nom du roi, que pour mieux assouvir la soif, qui les dévore, du pouvoir, des honneurs et des richesses.

Pour tous les hommes clairvoyans, tel est le but vers lequel tendent ces factions, qui malheureusement appellent à leur aide toutes les erreurs, toutes les passions qu'elles croient utiles à leurs desseins.

C'est pourquoi, d'un côté, nous voyons un despotisme religieux, évidemment contraire à la morale sublime et aux paroles même de l'Évangile, se mêler d'intérêts temporels auxquels il devrait rester étranger; et, malgré tous les principes que les hommes les plus éclairés, les plus vertueux du clergé de France, ont consacrés sous le nom de libertés gallicanes, vouloir y ramener des doctrines condamnées chez tous les peuples chrétiens.

Nous voyons aussi des prétentions qui étaient même déraisonnables, sous un régime qui peut moins que jamais convenir à la France, menacer de nouveau tout le corps social, et, se parant du nom de royalistes qu'elles profanent, vouloir porter sur la Charte une main sacrilège, en oubliant qu'elle nous a été donnée par un Bourbon, que tous les Bourbons ont juré de la maintenir, et que le premier d'entre eux, et par caractère, et parce qu'il est roi de France, ne sera jamais parjure.

D'un autre côté, nous voyons les principes les plus absurdes de la démocratie, les rêveries insensées du républicanisme, et, de plus, les regrets d'un despotisme qui a couvert l'Europe de sang, et de misère, et où le pays des vainqueurs n'obtenait la victoire qu'à l'aide de la plus affreuse dépopulation ; nous voyons, dis-je, ces idées funestes se montrer à découvert, et attendre visiblement que les fautes du gouvernement aient assez irrité les esprits pour que les fauteurs d'une seconde révolution puissent, comme dans la première, s'emparer de cette irritation et la faire tourner à leur profit.

Comment cependant un tel désordre d'idées, comment tant d'audace peuvent-ils exister, lorsqu'il a été donné à la France, par son roi légitime, par le plus sage et le plus éclairé des monarques, un Code de lois dont toutes les dispositions ont été conçues et rédigées pour comprimer et anéantir ces mêmes factions ?

Il faut le dire hautement, parce qu'il est urgent de le proclamer sur tous les points de la France, l'origine de la crise dans laquelle nous sommes plongés, la cause de toutes les inquiétudes, de tous les maux qui nous assiégent, viennent de l'inexécution de ce même Code, dont les principales dispositions ont été altérées, violées ouvertement ; les lois, même, dont la Charte avait textuellement prescrit la confection, n'ont pas été présentées aux Chambres, et les Chambres elles-mêmes ne les ont pas jusqu'ici réclamées, comme il était de leur devoir de le faire.

Avant d'entrer plus avant dans une discussion, qui prouvera la vérité de ce que je viens d'énoncer, qu'il me soit permis de rappeler par quels terribles événemens, d'après quelles hautes leçons Louis XVIII a été amené par Dieu même au secours de la France, encore toute saignante des plaies que lui avaient faites et la révolution et l'affreux despotisme qui lui a succédé.

Qu'il me soit permis de faire voir par quels moyens ce roi législateur a su en un instant tirer la France de l'abîme dans lequel elle était plongée pour la placer aussitôt, par les institutions qu'il lui a données, au rang le plus élevé des nations.

Je démontrerai, je l'espère, toute la bonté, toute la force de ces institutions qui, toutes mutilées qu'elles sont, en butte à toutes les passions désorganisatrices des factions, ont su cependant jusques ici leur résister et rallier autour d'elles, de jour en jour et de plus en plus, tous les esprits qui veulent l'ordre, tous les hommes qui désirent se reposer enfin dans le sein d'un gouvernement juste et fort, et qui s'aperçoivent aisément que l'exécution fidèle de la Charte peut seule assurer à la France un pareil gouvernement. Mais, voyons comment la divine sagesse a su préparer et amener un roi et son peuple, l'un à donner et l'autre à recevoir le plus grand bienfait qu'elle puisse accorder aux hommes sur la terre.

Observateur judicieux de toutes les causes qui peuvent faire fleurir les empires ou les bouleverser, Louis XVIII avait reconnu, avec les plus grands législateurs, que c'est l'accord le plus parfait de toutes les lois avec la situation, avec les idées, les habitudes des peuples qu'elles devaient régir, qui pouvait seul prévenir dans leur sein les révolutions et amener leur prospérité.

Il avait observé que les rois ses prédécesseurs qui avaient cherché le plus à ramener en France cette harmonie, n'avaient jamais pu le faire qu'imparfaitement. Enfin il avait vu que son frère, le meilleur comme le plus infortuné des rois, avait perdu la vie par suite des mouvemens qu'avait occasionnés dans l'État cette discordance portée à l'extrême, et lorsqu'il cherchait lui-même à y remédier.

En effet, quand on songe que ce fut un simple déficit de 60 millions qui fut la cause de la révolution française ; quand on se rappelle que Louis XVI s'adressa vainement, pour combler ce déficit, d'un côté au clergé, qui possédait alors une grande partie du sol de la France, et par les dîmes, une partie immense des revenus des autres biens qu'il ne possédait pas; et cependant que ce même clergé ne payait alors qu'un impôt tellement minime qu'il ne voulait pas même le soumettre à la dénomination d'impôt, et l'appelait un don gratuit; que, d'un autre côté, Louis XVI s'adressa aussi vainement aux possesseurs de fiefs, qui, malgré qu'ils ne fussent plus tenus depuis long-temps à mener leurs vassaux à la guerre et à les entretenir, jouissaient encore, à cette époque, d'exemptions d'impôts, de droits, de priviléges qui ne leur avaient cependant été concédés dans l'origine que pour ce service; quand on sait enfin que les parlemens, jaloux de conserver un droit qu'ils s'étaient acquis, dans leur intérêt peut-être, mais bien certainement dans l'intérêt du peuple, refusèrent d'enregistrer des édits portant création de nouveaux impôts, on peut juger sous combien de rapports étaient vicieuses les institutions et les lois qui régissaient la France à cette époque, et dans quelle cruelle position elles placèrent alors le malheureux Louis XVI.

On l'a blâmé d'avoir, dans cette circonstance, convoqué les états-généraux; mais quelle autre détermination pouvait le mener plus légalement, plus directement au but qu'il fallait atteindre, puisque, d'après les anciens usages, les anciennes institutions de la monarchie, c'était le seul pouvoir qu'il pouvait invoquer dans les temps de crise, et le seul qui pût efficacement remédier au mal qu'il fallait alors guérir?

On l'a blâmé aussi d'avoir convoqué le tiers-état en nombre égal à celui des deux autres ordres, et plus encore d'avoir admis les votes par têtes et non par ordre; mais qui ne voit pas que tous autres modes de convocation et de scrutin eussent été illusoires, puisque le clergé et la noblesse, qui avaient déjà refusé de combler le déficit, auraient eu évidemment la majorité dans ces états si on y eût opiné par ordre et non par tête?

Leur résistance aurait même été plus grande encore qu'elle ne le fut, puisque cette résistance, toute comprimée qu'elle devait être par l'incertitude où étaient ces deux ordres d'avoir la majorité dans l'assemblée, fut encore assez grande pour provoquer la révolution; car ce fut l'irritation causée par cette résistance qui fournit aux ambitieux un levier immense pour soulever les masses de la population et tout bouleverser de fond en comble.

En vain les deux ordres privilégiés firent-ils, dans une nuit fameuse, ce qu'ils appelaient aussi des concessions, il était déjà trop tard; elles ne

purent arrêter un seul instant le torrent déjà dé-
bordé, qui entraîna bientôt dans l'abîme toutes
les institutions bonnes ou mauvaises qui restaient
encore debout, et balaya tout jusqu'au roc.

Exemple mémorable qui n'a pas été perdu pour
la sagesse de Louis XVIII, quand il a conçu et rédigé toutes les dispositions de la Charte; exemple
qui devrait toujours être présent à la pensée des
gouvernemens qui osent imprudemment isoler
leurs idées de celles des peuples qu'ils ont à régir,
et qui sont assez aveugles pour irriter les esprits
qu'ils n'auraient dû apprendre qu'à diriger, lorsque la civilisation plus avancée a multiplié cependant et fait grandir encore plus que jamais
les dangers attachés à une pareille conduite.

Obligé de s'exiler de la France lorsque la révolution commença, Louis XVIII fut à portée, par
la manière dont il séjourna dans les différens états
de l'Europe, d'examiner et d'apprécier tous les
ressorts qui font mouvoir leurs gouvernemens
divers.

Doué d'une rectitude de jugement, d'une fermeté de caractère que n'avaient pu fausser ni af-
faiblir les flatteries des courtisans au milieu des-
quels il avait vécu, plein d'amour pour le travail, et
toujours guidé par l'instruction qu'il en avait re-

çue, ce n'était pas un homme d'une si haute capacité qui eût pu ne pas profiter de toute l'expérience que ses malheurs et son exil l'avaient mis à même d'acquérir, et on peut affirmer, avec ceux qui l'ont suivi hors de France, que, se regardant toujours comme son roi, dans les momens même où il paraissait le plus improbable qu'il pût y rentrer, la situation de son royaume, les institutions qui pouvaient lui convenir étaient toujours présentes à sa pensée et le sujet de ses plus profondes méditations.

Aussi, à l'époque de son retour, à peine eut-il mis le pied sur le sol de la France et avant qu'aucune des factions qui la divisaient eut pu troubler la joie publique par d'audacieuses prétentions, il imposa silence à tous en manifestant sa suprême volonté, en proclamant cette œuvre de la plus haute sagesse long-temps élaborée dans sa pensée, en octroyant enfin à la France cette Charte sublime que nos neveux sauront apprécier bien mieux que nous n'avons pu encore le faire. Montrons cependant combien il est facile d'en comprendre et d'en expliquer les heureuses combinaisons.

Le gouvernement féodal, peut-être le meilleur ou du moins le seul possible, lorsque les peuples sont encore plongés dans la barbarie, ne pouvait plus dès long-temps convenir à la France civilisée, à la France éclairée depuis trois cents ans par les bienfaits toujours croissans de l'imprimerie, à la France enfin dont le sol n'était plus, comme autrefois, la propriété d'un petit nombre d'individus ; mais qui était partagée dans les mains d'un si grand nombre de propriétaires qu'il n'y a peut-être pas d'états dans le monde où il le soit davantage. Si même la révolution a été aussi complète , aussi terrible en ses effets, il faut l'attribuer à l'irritation causée pendant long-temps par l'opposition des institutions et des lois féodales qui existaient encore en 1789 avec les idées et les habitudes contractées en France depuis plusieurs siècles. Le plus grand éloge que l'on puisse même faire des Français et de la dynastie qui régnait sur eux , c'est que l'ancien gouvernement ait pu si long-temps marcher sans encombre lorsqu'il existait dans son sein tant de germes de troubles et de dissolution. Louis XVIII avait été trop long-temps le témoin de cette malheureuse situation de la France, elle avait fini par occasionner une catastrophe trop sanglante pour qu'il pût avoir un seul instant la pensée, en rentrant dans son royaume, d'établir son nouveau gouvernement sur aucune des bases qui avaient servi de fondement à l'ancien régime.

Tout prouve aussi que sa volonté n'a pas été

d'établir en France un gouvernement absolu que l'histoire de tous les temps, de tous les peuples, et surtout sa propre expérience, lui avaient appris n'être que le règne de l'intrigue et des plus avides courtisans; il aimait trop sa famille, il aimait trop la France, pour leur léguer un présent aussi dangereux, aussi funeste, et toutes les dispositions de la Charte prouvent au contraire tous les soins qu'il a pris pour ôter à sa dynastie tous moyens, tous prétextes même d'établir un pareil gouvernement. Louis XVIII était d'ailleurs trop juste, trop instruit des droits de sa couronne, pour donner aux Français un gouvernement qui ne fût pas la représentation d'une monarchie modérée telle qu'elle l'avait toujours été, soit par les états-généraux, soit par les diverses franchises des provinces et états dont son royaume était composé.

Mais dans quelles mains pouvait-il placer ce pouvoir modérateur, si nécessaire aux gouvernemens, pour en prévenir les écarts et pour les préserver à jamais du fléau des révolutions? car tel était le grand problême qu'il avait à résoudre, et nous allons voir s'il pouvait parvenir à cette solution, par des combinaisons plus heureuses que celles qu'il a développées dans toutes les dispositions de sa Charte.

Sa haute sagacité et la connaissance parfaite

qu'il avait de la situation de son peuple dans toutes les parties de son royaume, lui firent apercevoir aisément que cette grande division des propriétés sur une superficie aussi étendue, sur un sol
aussi favorable à l'agriculture que celui de la
France, lui fournissait d'heureux moyens pour
fonder son gouvernement sur les plus solides ap-
puis.

C'est donc aux mains de cette quantité immense
de propriétaires du sol français, qui peut être à
juste titre regardée comme représentant tous les
intérêts généraux de cette nation, qu'il a confié
judicieusement ce pouvoir modérateur.

Cependant une pareille délégation était d'une
trop haute importance pour qu'elle pût être donnée indistinctement à tous les propriétaires français, il fallait nécessairement faire un choix parmi
eux, et n'admettre que ceux qui, d'après l'impôt
qu'ils payaient, pouvaient être considérés comme
jouissant d'une certaine aisance, comme étant
en conséquence plus indépendans, moins corrup-
tibles, plus intéressés à l'ordre, plus ennemis des
révolutions, et enfin comme ayant dû recevoir une
éducation suffisante pour bien discerner les choix
qu'ils auraient à faire.

D'un autre côté, il y avait des inconvéniens non

moins graves à trop restreindre ces admissions, qui auraient donné à un trop petit nombre d'électeurs la possibilité de se coaliser, de former un corps, qui, loin de représenter les intérêts généraux de la France, n'eût consulté, n'eût représenté que ses intérêts particuliers. L'expérience de tous les temps a prouvé tellement que l'esprit de corps est exclusif et envahissant de sa nature, quand il est revêtu d'une puissance quelconque, que celui-là, loin d'user sagement du pouvoir modérateur qui lui aurait été confié, ne s'en serait indubitablement servi que pour maîtriser bientôt le gouvernement lui-même, pour le mettre en tutelle et l'anéantir même s'il lui eût été possible, en ramenant en France ces temps désastreux que les rois n'avaient pu faire cesser, qu'en créant, qu'en évoquant le pouvoir des communes, à mesure que leurs membres, devenus propriétaires, devenaient ainsi plus éclairés, plus amis de l'ordre et par conséquent de la monarchie.

Louis XVIII devait éviter, comme on le voit, ces deux écueils également à craindre ; mais a-t-il atteint le but qu'il devait se proposer, en fixant à trois cents francs l'impôt que doivent payer les électeurs, et à mille francs celui que doivent payer les éligibles ? C'est ce dont on ne peut douter quand on scrute de bonne foi les preuves que nous en ont données tous les événemens, tous les faits qui se sont passés depuis la restauration. Pour mieux nous assurer de cette vérité, examinons les divers reproches qui ont été faits à cette fixation.

D'un côté, l'on a dit que les intérêts généraux de la France n'étaient pas suffisamment représentés, puisqu'ils ne l'étaient que par la 300me partie environ de la population; mais en défalquant d'abord les femmes qui forment la moitié de cette population, puis les enfans mâles et les hommes au-dessous de 30 ans formant plus des 3\4 de l'autre moitié, puis enfin défalquant encore de ce qui reste ceux qui ne possèdent rien ou très-peu de choses et qui, dans tous les états forment malheureusement la très-grande majorité des habitans, l'on voit facilement que la fixation posée par Louis XVIII, n'aurait pu, sans de très-grands inconvéniens, être portée plus bas; visiblement aussi elle est suffisante pour éloigner tout espoir de coalition entre les cent mille électeurs environ qui sont le résultat de cette fixation; et dont un grand nombre change chaque année en acquérant ou en perdant le cens exigé pour faire partie des colléges électoraux.

Ce qui prouve encore mieux que cette fixation est aussi suffisante pour représenter convenablement les intérêts généraux de la France, c'est qu'ennemi comme je le suis et comme on le voit, je l'espère, de tout esprit de faction, mes observations se sont portées avec bonne foi à chaque réunion qui a eu lieu depuis l'organisation des colléges électoraux, sur la question de savoir si les sentimens manifestés par les majorités de ces colléges, quand ces majorités n'étaient point le résultat de la fraude, ou en la mettant à l'écart, parce que, dans le sein de ces colléges, il est toujours facile de la voir et de l'apprécier, si, dis-je, ces sentimens étaient bien d'accord avec les sentimens manifestés au même instant par la majorité de tous ceux qui ne faisant point partie de ces colléges, sont susceptibles d'émettre une opinion quelconque, et toujours j'ai reconnu que cet accord existait constamment, ce qui n'est pas le but le moins désirable qu'avait à atteindre Louis XVIII, puisqu'à ce moyen, toute révolution devient impossible, l'opinion des majorités dans les colléges électoraux étant bien la représentation des masses et de ce que l'on peut appeler en France l'opinion générale.

D'un autre côté, l'on a accusé les colléges électoraux d'avoir un esprit démocratique, d'être les ennemis de la royauté et surtout de la dynastie des Bourbons : j'avoue que dans les premiers temps de la restauration ce reproche a été pour moi le sujet d'un examen constant, tant le sort futur de ma patrie, celui de la Charte si nécessaire au bonheur de la France et aux destinées des Bourbons excitaient ma sollicitude !

Nous sortions alors de la révolution et du gouvernement militaire de Bonaparte pendant lesquels bien des positions, bien des idées s'étaient établies qui ont été changées totalement, et qui se sont affaiblies ou beaucoup modifiées à mesure que ces temps désastreux se sont éloignés.

L'expérience m'a prouvé aussi, comme je vais le démontrer, que c'était à tort que j'avais formé ces craintes et que ces reproches ont été faits à ces majorités.

Sur le grand nombre d'individus réunis dans les colléges électoraux, il s'y est rencontré, il s'y rencontrera toujours, comme dans toutes les assemblées possibles, des esprits faux, des hommes aussi qui sont, comme je viens de le dire, plus ou moins influencés par des idées nées des temps qui ont précédé, ou par des intérêts particuliers plus ou moins mal calculés; mais jamais la grande majorité des colléges électoraux n'a voulu ni la république, ni d'une autre dynastie. Elle a prouvé cette vérité d'une manière irrécusable lorsque la Chambre des députés a fait elle-même justice, dans son sein, de celui qui avait osé avancer que la France avait vu avec répugnance le retour des Bourbons.

Ce sentiment était si fort repoussé par les électeurs de toute la France, que c'est à un sentiment contraire à celui surtout excité par l'assassinat du duc de Berry, qu'a été due cette Chambre qui était si loin d'être démocratique, que son royalisme trop peu éclairé s'est laissé tromper par ce ministre qui, semblable aux escamoteurs que l'on rencontre sur la voie publique disait aussi, pour mieux tromper ses spectateurs, *qu'il allait jouer sur table.*

Dociles à ces perfides combinaisons, lorsque les membres de cette Chambre ne devaient agir que d'après les connaissances personnelles qu'ils avaient des besoins et des intérêts de la France, ils furent ou la dupe ou les complices de ce ministre.

Heureusement la Chambre des pairs, ce rempart si judicieusement créé pour le maintien des intérêts du trône et des libertés publiques; cette Chambre, l'élite des notabilités de la France, plus éclairée, plus indépendante que cette Chambre des députés, sut faire reconnaître combien son existence était nécessaire; elle acquit au plus haut degré l'estime et la confiance de tous les hommes honnêtes et instruits, en repoussant de tout son pouvoir ces combinaisons de parti, ces lois absurdes qui eussent porté le trouble dans le corps social, et qui d'ailleurs n'avaient été jetées à de certaines factions, par ce rusé ministre, que comme un leurre, afin qu'elles le soutinssent au pouvoir, et qu'il pût achever de gorger les siens de places et d'honneurs.

Si ce ministre a porté une atteinte funeste au respect qu'il devait savoir se concilier, s'il a fait un grand mal à la France en étalant un système de menaces et de corruption, aussi déshonorant pour les provocateurs que pour ceux qui en sont l'objet, il faut le dire aussi à la louange de la France, à la louange des électeurs qui la représentent, tous ont repoussé avec la plus vive indignation un ministère qui compromettait d'une manière aussi funeste, et, sous tant de rapports, les intérêts qui lui étaient confiés.

Aussi à peine la majorité des représentans, envoyés par les électeurs en 1827, eut-elle été rassemblée, qu'elle imprima sur ce ministère le sceau de la plus éclatante réprobation, par la manière dont elle le qualifia.

Il faut même le dire hautement, parce qu'il est

très-important de le rappeler aujourd'hui, les sentimens d'après lesquels furent élus les députés qui exprimèrent cette haute réprobation furent le résultat, non pas seulement de majorités, mais, et on peut l'affirmer, parce que tout ce qui se passe dans un collége-électoral est public, ils furent produits à l'unanimité.

En effet, jamais dans aucun des colléges dont j'ai été membre, tant sous l'empire que depuis la restauration, jamais je n'avais vu d'unanimité aussi grande, aussi prononcée que celle qui se manifesta contre ce ministère dans les colléges électoraux du département de l'Eure de 1827 ; et tout fait présumer qu'il a dû en être de même dans la majorité de tous les colléges électoraux.

Cette unanimité était telle, dans les colléges de l'Eure, que pas un membre de ces colléges ne voulait être regardé comme ministériel, et les députés eux-mêmes de la Chambre dissoute repoussaient avec énergie l'idée qu'ils eussent pu seconder dans cette Chambre les vues de M. de Villèle.

L'effet de cette unanimité dans tous les colléges a été d'augmenter, comme on l'a vu lors des deux dernières sessions, le nombre des députés qui siègent aux deux centres de la chambre des députés,

et si le gouvernement n'avait pas lui-même or-
donné ou permis des manœuvres évidemment contraires aux lois, et que je ferai bientôt connaître,
si d'autres influences, d'autant plus funestes que
le gouvernement en donnait lui-même l'exemple,
n'étaient pas venues ajouter à cet attentat, les extrémités de la Chambre auraient encore été bien
moins garnies de députés.

Cette masse d'électeurs qui ont ainsi augmenté
le nombre des députés qui siègent aux deux centres, ralliera encore, je l'espère, dans les pro-
chaines élections, tout ce qui reste d'hommes
probes qui ne voudront pas rester sous le joug des
factions, et principalement tous ceux qui ont une
réputation à garder, et qui, ayant des intérêts
matériels tenant par quelque côté que ce soit aux
intérêts généraux, ne voudront pas rester confon-
dus avec ceux qui ne seront retenus par aucune
de ces considérations.

Après avoir fait apercevoir combien la fixation des impôts nécessaires pour être électeur
avait été déterminée avec sagacité par l'immortel auteur de la Charte, après avoir prouvé que l'esprit des colléges électoraux, loin
d'être démocratique, s'était laissé trop facilement
tromper par des idées qui n'avaient que l'appa-
rence du royalisme, il me reste à montrer com-

ment Louis XVIII a voulu que pût s'exercer ce pouvoir modérateur qu'il a confié aux colléges électoraux.

Il n'était pas, sans qu'il pût en résulter de graves inconvéniens, il n'était pas même possible qu'un aussi grand nombre d'hommes réunis dans une aussi grande quantité de colléges, pussent rester assemblés assez long-temps, et encore moins délibérer sur tant et d'aussi grands intérêts que ceux dont ils auraient eu à s'occuper.

Des mandataires de ces assemblées pouvaient seuls y pourvoir; mais ces mandataires, chargés de pouvoirs aussi importans que ceux qui devaient leur être attribués, ne pouvaient en être revêtus sans qu'il fût pris à leur égard les plus grandes précautions.

Ces mandataires sont, comme tous les autres hommes, susceptibles d'erreurs. Ils sont, comme tous les hommes, revêtus de quelque pouvoir, enclins souvent à favoriser leurs intérêts particuliers au préjudice des intérêts publics; souvent aussi ils ont des passions, des vices même, dont les ambitieux peuvent profiter; enfin ils sont toujours plus ou moins influencés par le séjour de la capitale et de la cour, au milieu desquelles ils sont obligés de vivre : mais l'auteur de la Charte l'avait prévu, et en conséquence il a voulu, d'une part, que la chambre des députés fût renouvelée tous les ans par cinquième, et de l'autre, que le roi pût à chaque instant la dissoudre, et renvoyer à ces auteurs cet instrument qui a pu s'altérer, se corrompre et ne plus représenter fidèlement les vœux, les sentimens des colléges électoraux.

Cette dissolution, cependant, ne peut avoir lieu qu'à charge par le Roi de demander, sous un délai déterminé, une nouvelle chambre aux colléges électoraux ; car l'effet du pouvoir modérateur peut être ainsi suspendu, mais jamais anéanti, comme on va le voir.

Cet instrument, qui sert à transmettre au pied du trône les pensées, les vœux des colléges électoraux, peut donc être brisé à chaque instant ; mais, cependant, si ces colléges envoient toujours des députés exprimant les mêmes vœux, les mêmes sentimens ; si cet instrument revient également et même plus fortement trempé qu'auparavant, et que le refus du budget par toutes les chambres ainsi renouvelées atteste au gouvernement que les colléges électoraux n'approuvent pas sa marche, c'est alors que le pouvoir modérateur agit nécessairement par une force tacite et d'inertie sagement et heureusement combinée, et que le gouvernement, n'ayant plus de fonds pour son

service, est obligé de suivre la route qui est désirée par ce pouvoir ; car c'est alors la sagesse même
de la nation qui a été consultée, c'est elle qui a
parlé.

Cette volonté du législateur, de faire à la fin
agir ainsi dans sa monarchie modérée un pouvoir
régulateur, est clairement manifestée par les deux
dispositions de la Charte, qui veulent d'une part
que le budget soit toujours présenté à la Chambre
des députés avant de l'être à la Chambre des pairs,
afin que l'impôt ne puisse jamais être perçu sous
le prétexte que la Chambre des pairs lui aurait
donné sa sanction ; et d'autre part que l'impôt foncier ne puisse être consenti que pour un an, afin
que la chambre des députés puisse chaque année
exercer le pouvoir modérateur qui lui est confié
en refusant d'accorder l'impôt, si elle le juge nécessaire, jusqu'à ce que ce pouvoir ait produit
l'effet pour lequel ont été conçues et rédigées toutes
ces dispositions de la Charte.

Tel est le moyen tacite, mais efficace, dont
Louis XVIII a voulu armer évidemment ce pouvoir régulateur, qui, dans toute monarchie modérée, doit exister quelque part, et qui ne pouvait
être mieux placé que dans les mains de ceux qui
représentent si positivement les intérêts généraux

de la France, que par la masse de leurs intérêts particuliers, ils semblent être les intérêts généraux eux-mêmes.

D'ailleurs qui pourrait être plus capable, plus digne d'exercer un pareil pouvoir ? Quel est le sot assez orgueilleux, quel est le conseil, quels sont les corps doués d'un esprit assez aveugle ou assez ambitieux pour croire, pour oser dire qu'ils sont plus instruits des besoins de chaque partie de la France que tous les principaux propriétaires de chacun de ces départemens ? Qui plus évidemment est intéressé à l'ordre, et par conséquent au maintien de la royauté, de la légitimité ? Qui, moins que cette masse d'hommes, peut être influencé par des intérêts particuliers, moins suspect de l'être par des intérêts étrangers ? Qui, enfin, peut offrir une garantie plus grande, plus constante, plus certaine que tous ces propriétaires convoqués au nom de la Charte dans tous les colléges électoraux de la France ? et qui, plus justement, plus convenablement, peut, sans porter atteinte à sa dignité, indiquer au trône la route qu'il doit suivre ?

Il me resterait dans la longue et trop longue narration peut-être de ce qui a préparé et accompagné la confection de la Charte, dans le tableau que j'ai présenté de la solidité de toutes ses bases et des bienfaits dont elle doit être la source , il me resterait, dis-je , à montrer que son article 14 n'a pas la signification que veulent lui donner ceux qui désirent y trouver les moyens d'anéantir toute la Charte ; mais il est trop facile de faire voir qu'il peut arriver telle circonstance dans laquelle le roi pourrait être forcé à faire des règlemens et ordonnances pour la sûreté de l'état, mais, bien entendu , en prenant toutes les précautions nécessaires pour ne pas faire crouler ni seulement ébranler la chose même pour la sûreté de laquelle se feraient ces règlemens ou ordonnances, les ministres qui les signeraient étant d'ailleurs responsables et justiciables des chambres.

Je ne ferai donc pas injure à la prévoyante intelligence , à la solidité du jugement de l'auteur de la Charte , au point de supposer qu'il ait pu vouloir donner, par un seul mot, la facilité de détruire, *à tous les instans,* un pacte fondamental dont il faisait octroi *à toujours* à ses peuples. C'eût été, au contraire, leur faire don d'une guerre civile toujours imminente, et il aimait trop, comme je l'ai déjà dit et comme toute sa vie l'a prouvé, sa dynastie et son peuple ; il était trop sage pour que jamais il puisse être comparé à cet insensé qui, après avoir construit un vaste édifice, placerait une mine sous ses fondemens avec une mèche constamment allumée, pour qu'elle pût, à chaque instant, le faire sauter.

Si j'ai cru devoir, dans cet écrit, montrer d'abord quelles étaient les véritables bases de notre pacte fondamental ; si j'ai voulu écarter tous les nuages dont on cherche à les entourer, et les mettre tellement à découvert que les yeux les moins clairvoyans ne pussent en nier l'existence, il ne me paraît pas moins nécessaire de signaler les actes qui ont pu ébranler ces bases depuis la restauration, et de faire voir par quels moyens les maux qu'ils ont produits peuvent être réparés.

Je commencerai par aborder la question qui occupe en ce moment tous les seprits ; je veux parler de la dernière adresse présentée au Roi par la Chambre des députés. J'ai la plus grande confiance dans les intentions manifestées par les majorités dans la dernière Chambre des députés ; j'ai la conviction profonde, parce qu'elle m'est avouée par des faits irrécusables, qu'une grande partie des membres de cette Chambre qui ont voté cette adresse, sont de véritables amis de la couronne et de la personne même du Roi ; mais, je le dis aussi avec la même conviction, la dernière partie de cette adresse me semble dépourvue des principes constitutionnels, et surtout des principes d'une sage et prévoyante politique , qui doivent toujours présider à la confection de tous les écrits et de tous les actes de la Chambre des députés. ←

Par l'art. 13 de la Charte, *au Roi seul appartient la puissance exécutive*, et par le sens qu'offrent tous les autres articles, il est évident que le Roi n'a la faculté d'exercer cette puissance que par l'entremise de ses ministres.

Comment donc pourrait-il seul exercer cette puissance, si, d'une part, la nomination de ses ministres ne lui appartenait pas exclusivement; c'est-à-dire sans pouvoir être influencé par qui que ce fût, et si, d'un autre côté, la Chambre pouvait refuser de concourir à la confection des lois avec des ministres choisis par le Roi.

La déclaration de la Chambre des députés, par laquelle elle refuse son concours avec des ministres du Roi, est donc non-seulement inconstitutionnelle, mais elle tend à troubler, au plus haut degré, la marche du gouvernement, clairement tracée dans toutes les dispositions de la Charte, pour que le Roi puisse seul exercer la puissance exécutive. Le législateur a dû prévoir, et il a prévu, que des ministres pourraient n'être pas d'accord avec la Chambre des députés, mais il n'a judicieusement voulu donner d'autres droits à cette

Chambre que celui de les accuser, si elle pensait qu'ils eussent fait des actes contraires aux lois; et dans sa juste prévoyance, c'est une autre Chambre dans laquelle doivent être rassemblées les principales notabilités de la France, sous tous les rapports, qu'elle a investies du droit de les juger.

J'ai dit aussi que cette adresse était dépourvue des principes d'une sage et prévoyante politique, et en effet, la Chambre avait-elle bien prévu tout ce qui pourait résulter d'un refus de concourir avec les ministres du Roi? Ce refus n'entraînait-il pas pour le trône, pour les Chambres, pour la France entière, des conséquences qui devaient leur être à tous nécessairement nuisibles? et n'y avait-il pas d'un autre côté des causes plus réelles, plus utiles à manifester au Roi, relativement aux inquiétudes qui agitent la France, que la nomination des ministres qui ne pouvaient être répréhensibles aux yeux de la loi, puisqu'ils n'avaient encore fait aucun acte?

N'aurait-il pas été d'une politique moins désastreuse dans ses résultats, plus constitutionnelle et surtout plus utile à la France, de faire apercevoir au Roi que la véritable cause de l'agitation des esprits dont il avait parlé dans son discours, venait de ce que des garanties manquent à la Charte, tant-celles qui lui ont été enlevées que celles qui ne lui ont pas encore été données ?

L'occasion ne s'offrait-elle pas naturellement de prévenir le Roi que cette agitation faisait un devoir à la Chambre de lui demander la présentation, si textuellement ordonnée par la Charte, de la loi relative à la responsabilité des ministres, ce qu'elle ferait dès qu'elle serait rassemblée ? et ne pouvait-elle pas, ne devait-elle pas ajouter que, dans la crainte d'augmenter cette agitation , elle croyait ne devoir remettre aucuns fonds à la disposition d'aucuns ministres, que cette loi attendue vainement depuis si long-temps n'eût été rendue ?

A ce moyen, l'adresse de la Chambre des députés eût été non-seulement pourvue d'une utile prévoyance pour préparer la marche que la Chambre ne pouvait s'empêcher de suivre dans la session qui s'ouvrait, mais elle eût été constitutionnelle dans toutes ses parties, et le Roi aurait pu y voir suffisamment aussi le peu de confiance que la Chambre accordait aux nouveaux ministres.

Si la Chambre avait voulu l'en prévenir encore d'une manière moins indirecte, elle eût pu ajouter que si la confiance qu'elle avait mise dans le pré-

'cédent ministère et dans les promesses qu'il avait données solennellement à la Chambre, lui avait fait différer cette demande; elle sentait combien elle avait été coupable (ou bien peu prévoyante) de se laissant entraîner par un pareil sentiment, qui ne doit jamais l'emporter sur les devoirs impérieux qu'elle est dans la nécessité de remplir.

Mais c'en est assez, je pense, relativement à cette adresse, et il me tarde de faire voir que, dans la position où se trouve la France en ce moment, la Chambre des députés ne pourra différer de faire au Roi la demande de cette loi dans la prochaine session; il n'est pas probable que la Chambre des pairs refuse son concours pour la demande de cette loi, et il n'est pas possible non plus que les ministres se refusent à la présenter, puisqu'ils annoncent publiquement l'intention d'obéir à la Charte, et que la confection de cette loi est ordonnée par la Charte elle-même.

Il est vrai qu'il y a telle manière de rédiger les dispositions d'une loi, qui pourrait ne faire de cette loi qu'une œuvre incomplète ou de déception; mais outre qu'il serait au moins imprudent, de la part des ministres, de refuser une loi qui les intéresse aussi personnellement, la position de la Chambre des députés est dans ce moment trop forte et par conséquent trop avantageuse, relativement aux ministres, pour qu'elle ne puisse pas parvenir à faire rédiger cette loi d'une manière à peu près satisfaisante.

Je crois la confection de cette loi tellement urgente, je vois tant d'amélioration dans notre position, dans celle de la Charte, résulter de cette confection, que je vais essayer de les faire apercevoir ici en grande partie.

L'article 56 de la Charte dit *que les ministres ne peuvent être accusés que pour fait de trahison ou de concussion; que des lois particulières spécifieront cette nature de délits et en détermineront la poursuite.*

La 1re condition à remplir est donc de spécifier tous les faits de trahison qui peuvent constituer un délit, et si l'on ne peut se refuser d'admettre au nombre de ces faits, la trahison qui livrerait la France ou ses institutions aux coups de l'étranger, on pourra encore moins refuser d'admettre, au nombre de ces faits, la trahison qui la livrerait, dans l'intérieur, à une faction ou à l'anarchie, en paralysant, ou violant, ou détruisant enfin ouvertement tout ou partie des dispositions textuellement exprimées par la Charte.

L'un des articles de la loi sur la responsabilité

des ministres devrait donc ranger, au nombre des faits de trahison, toute présentation de loi par les ministres, qui serait formellement contraire au texte d'une disposition d'un des articles de la Charte.

Je dis contraire au texte et non pas à son esprit, car il sera toujours facile de reconnaître ce qui sera contraire à son texte, et il ne le serait pas toujours de reconnaître ce qui serait contraire à son esprit. Il résulterait de l'adoption de cet article ainsi rédigé, que la loi sur la septennalité se trouverait comprise au nombre des faits de trahison ; car aucune loi n'est aussi contraire au texte même de l'article 37 de la Charte, qui veut que la chambre soit renouvelée tous les ans par cinquième ; et si l'on veut réfléchir à tous les maux dont la septennalité a été la cause, on verra l'importance et l'urgence de rétablir la Charte dans toute son intégrité primitive et telle qu'elle a été octroyée, un don fait à toujours ne pouvant jamais être enlevé sans crime à ceux qui en ont été mis en possession. Si la loi sur la responsabilité des ministres eût été faite depuis long-temps, comme elle aurait dû l'être, et qu'elle eût contenu cette disposition qui ne peut être contestée par les ministres, sans afficher le dessein de ne pas respecter la Charte, M. de Villèle n'aurait pas osé présenter la loi sur la septennalité, et par conséquent appuyer sur cette loi, comme il l'a fait visiblement, son système de corruption, de menaces, que les honnêtes gens, et par conséquent les électeurs, doivent poursuivre partout et toujours ; car les conséquences en sont et en seraient funestes pour le trône et la France, comme j'espère le démontrer.

L'article ci-dessus ainsi conçu, étant adopté, il en résulterait la nécessité de rendre inamovibles les membres du conseil d'état comme cour judiciaire, tous les juges nommés par le roi devant être inamovibles aux termes de l'art. 58 de la Charte, et le roi devant nommer et instituer tous les juges aux termes de l'article qui précède ; l'on peut même dire à ce sujet que tous les jugemens rendus jusqu'ici par le conseil d'état, depuis la Charte, entre les particuliers ou entre les particuliers et le gouvernement, ont été illégaux, puisqu'ils ont été rendus par des hommes amovibles, c'est-à-dire qui n'étaient pas juges suivant la Charte.

L'on pourrait de même comprendre dans les faits de trahison le refus par les ministres de faire exécuter une loi, surtout lorsque l'exécution de cette loi aurait été réclamée soit par la cour de cassation, soit par le conseil-d'état, alors inamovible, soit par un certain nombre de cours royales, soit par un plus grand nombre de tribunaux de première instance, soit par un certain nombre de conseils généraux de département, élus par les administrés, soit par un plus grand nombre de conseils d'arrondissement, également élus.

D'après cette dernière disposition, par exemple, le gouvernement pourrait-il se permettre de laisser violer la loi relative aux élections, qui veut que tous les votes des électeurs soient libres et secrets, et de la violer comme l'ont fait ouvertement et devant moi ses agens, aux élections de 1827, comme je le prouverai bientôt? Et comment oserait-il envoyer des circulaires comme il le fait en ce moment, dont le but est évidemment de détruire tout ce qu'a voulu la Charte, comme il est facile de le démontrer?

Quant aux poursuites à déterminer contre ces délits, il serait peut-être nécessaire que les faits de trahison fussent classés de manière que les faits de trahison au premier chef fussent punis de la peine capitale, pour ensuite punir de peines moins graves ceux de deuxième classe ; et comme ce serait la Chambre des pairs seule qui appliquerait ces peines, on pourrait sans danger laisser à ses lumières et à son intégrité une certaine latitude dans l'application de ces peines.

Il y aurait cependant une précaution à prendre qui serait d'une grande utilité, et qui consisterait, lors du jugement des ministres par la Chambre des pairs, à n'admettre le vote que de ceux qui auraient siégé comme pairs dans la Chambre avant l'entrée au ministère des ministres accusés, afin que l'on ne pût voir le scandaleux spectacle de ministres qui nommeraient eux-mêmes leurs juges, ou les juges des ministres qui les auraient précédés, et afin aussi de ne pas voir renouveler l'abus, qui semble avoir été fait par des ministres précédens, de la prérogative royale, en faisant entrer à la fois à la Chambre des pairs une grande quantité de nouveaux élus, ce qui pourrait alors se renouveler sans cette précaution.

Si l'on objectait que cette disposition attaque la prérogative qu'a le Roi de nommer qui il veut pair de France, on peut répondre avec justice que l'accusation et le jugement des ministres doivent avoir lieu d'après la Charte, sans aucune intervention quelconque du gouvernement existant lors de cette accusation et lors de ce jugement, et qu'il semble de toute justice que ce soient seulement les pairs qui, comme pairs, ont vu agir les ministres dès le commencement de leur ministère, qui soient admis à voter lors du jugement de ces mêmes ministres, lorsqu'ils auraient été accusés.

Pour montrer la nécessité qu'une loi relative à la responsabilité des ministres s'oppose à l'influence funeste qu'ils prétendent exercer sur les fonctionnaires, et surtout aux injustices révoltantes et au despotisme que messieurs les préfets et leurs agens exercent sur tous leurs administrés, quand ils veulent obtenir d'eux des votes favorables à leurs protégés, despotisme qui redouble à mesure qu'ils accordent quelque influence sociale à ces administrés, je vais citer des faits dont j'ai été le témoin et ensuite la victime, parce qu'il était de mon devoir d'agir comme je l'ai fait et comme on va le voir.

Lors des élections de 1827, je me présentai chez M. le président du collége électoral du département de l'Eure, auquel je croyais devoir cette visite; et plusieurs personnes que je connaissais m'invitèrent, en y entrant, à signer un écrit qui était près de là sur une table : je demandai alors à connaître auparavant ce qu'il contenait ; et quelques électeurs aussitôt m'en ayant donné communication, je refusai de signer cet écrit, par lequel tous les signataires s'engageaient à porter le lendemain à la députation celui qui dans un scrutin préparatoire allait obtenir le plus de voix; de sorte que je me serais engagé, en le signant, à nommer un député que je ne connaissais ni ne pouvais connaître au moment où j'aurais pris cet engagement. Cette façon de contraindre à nommer ainsi des députés que l'on ne peut connaître, sans pouvoir s'assurer auparavant s'ils porteront fidèlement au pied du trône vos sentimens et vos vœux, les sentimens et les vœux de la majorité du collége électoral ; cette action, dis-je, est-elle raisonnable ou dérisoire, légale ou criminelle? Je laisse cette question à décider à tous ceux qui sont animés de sentimens honnêtes, et qui jugeront aussi quel est celui qui a pu manquer de respect au Roi et à la Charte, ou de celui qui en agit ainsi ou de celui qui s'y refuse. Et je ne me permettrais pas d'exposer ces faits de cette manière, si M. le préfet de l'Eure n'avait pas jugé, comme on va le voir, que j'avais mal agi dans cette circonstance.

Mais voyons ce qui se passa ensuite dans le salon de M. le président. Quelques instans après mon refus de signer cet écrit, le scrutin eut lieu sans que je voulusse y participer, ainsi que quelques autres électeurs; et je sus après ce scrutin, ainsi que les autres assistans, quels étaient ceux que seraient obligés de nommer le lendemain les signataires imprudens de cet écrit.

Ceux qui avaient été désignés par ce scrutin à une faible majorité, furent nommés députés le lendemain aussi à une faible majorité; car le salon de M. le président n'était pas probablement le seul où des réunions s'étaient opérées ; mais je n'ai pu

savoir ce qui s'y était passé, n'ayant voulu me présenter que chez M. le président, qui aurait eu
mauvaise grâce à blâmer ce genre de réunions,
puisqu'il en donnait le funeste exemple.

M. le président avait ainsi lui-même violé la
loi, qui veut qu'en ouvrant la séance publique
qu'il devait présider, les votes soient libres et secrets, tandis que je savais, et bien d'autres, les
personnes que seraient obligés de nommer les signataires de cet écrit. Je ne prétends pas pour cela
blâmer l'opinion des trois députés qui furent ainsi
nommés, je ne la connais pas, et le malheur des
électeurs et des élections vient de ce qu'il n'y a pas
un mode prescrit par la loi qui forcerait chaque
candidat à faire connaître toutes ses opinions avant
ou au moins pendant la réunion des colléges électoraux.

Si ce moyen d'éclairer les électeurs eût existé
depuis long-temps, plusieurs n'auraient pas eu si
souvent à gémir des nominations qu'ils avaient
faites eux-mêmes.

L'on voit comment se font les nominations de
MM. les députés, quand les gardiens des lois sont
les premiers à les violer, quand la fraude est ainsi
autorisée ; mais ce n'est pas tout encore, et l'on va
voir quelle a été ma récompense pour n'avoir pas
voulu coopérer à de pareils actes.

Comme j'étais maire d'une commune du département de l'Eure, et qu'il faut apparemment que les maires nomment des députés qui portent au Roi non pas le vœu de la France, mais le vœu de ministres qui sont cependant justiciables de ces députés, et qui ont apparemment des raisons de vouloir nommer leurs juges, voici les moyens que M. le préfet a imaginés pour me punir, à ce qu'il paraît, de n'avoir pas voulu nommer de pareils députés : il m'a écrit en m'enjoignant de mettre sur la liste des membres à compléter du conseil municipal de ma commune un particulier qui est garde pour Mlle Gazzanny, dont est tuteur le préfet que Bonaparte avait nommé dans les cent jours pour le département de l'Eure.

J'écrivis alors à M. le préfet et lui représentai que la personne qu'il m'indiquait était garde pour un particulier, et je le priai ensuite de me faire connaître la loi qui avait changé celle que je connaissais, par laquelle les maires avaient le choix des individus qu'ils proposaient en remplacement des membres du conseil municipal de leur commune ; mais dans cet intervalle je fus convaincu, plus que jamais, du désir qu'avait M. le préfet de me forcer à donner ma démission. En effet, il m'adressa les pièces d'un procès que ce préfet des cent jours avait fait à ma commune au nom de sa pupille pour s'emparer d'un bien communal qui appartient à cette commune, et dans ces pièces se trouvait une lettre du préfet des cent jours adressée à la préfecture de l'Eure, et qui m'accusait de ruiner ma commune en frais de procédure.

Quatre jours après, lorsque j'avais eu tout le temps de parcourir toutes ces pièces, et de lire cette lettre, M. le préfet me redemanda ces pièces comme m'ayant été adressées par mégarde, et comme étant le dossier de l'adversaire de ma commune, dont M. le préfet n'ignorait pas, depuis long-temps, la position avec moi, et que voici :

J'étais, depuis plus de vingt ans, maire de la commune de Condé-sur-Iton, dans laquelle est située une propriété appartenant à Mlle Gazzanny, dont est tuteur M. le préfet des cent jours; j'étais donc maire à l'époque de la restauration, et dès le 10 avril 1814, jour de Pâques, à peine j'avais appris que les alliés étaient entrés à Paris, et, quoique entouré des dépôts des régimens qui obéissaient encore à Bonaparte, je priai le digne ecclésiastique qui était desservant dans ma commune de chanter à l'église le *Domine salvum fac regem*, et le même jour je rassemblai mon conseil municipal et je me chargeai de rédiger une adresse au gouvernement provisoire, dans laquelle je lui témoignai la joie qu'avait éprouvée mon conseil lorsque je lui avais appris qu'enfin nous allions être gouvernés par notre Roi légitime, etc.

La minute de cette adresse est consignée à cette date dans le registre des délibérations de ma commune.

Dans les cent jours, M. le préfet qui était plus souvent à Condé qu'à sa préfecture, voulut forcer le même desservant qui avait chanté le *Domine salvum fac regem*, à chanter aussi le *Domine salvum fac imperatorem*, et ce dernier s'y refusa avec autant de fermeté que de convenance ; mais le dimanche d'ensuite M. le préfet se rendit à l'église, et y introduisit des gendarmes avec le dessein bien évident de forcer M. le desservant à lui obéir. M. le desservant crut alors devoir céder, et il m'a dit depuis qu'il l'avait fait pour éviter un plus grand scandale dans son église.

Je fus ensuite destitué et remplacé par une des créatures de M. le préfet, comme je devais m'y attendre ; mais redevenu maire après les cent jours, il ne s'est pas, je crois, passé une seule année depuis ce temps-là, où je n'aie eu quelque difficulté avec ce même homme, soit comme maire, soit comme voisin des propriétés de sa pupille, et quand on se rappellera que c'était le garde de cet homme que M. le préfet voulait faire entrer dans mon conseil municipal, ce qui eût mis son maître à même d'augmenter encore ses tracasseries; quand on se souviendra que les pièces que m'avait adressées singulièrement M. le préfet, concernaient un procès que me faisait encore cet homme pour s'emparer d'un bien appartenant à ma commune, et enfin quand on observe qu'au contraire M. le préfet devait protéger un maire défendant les droits qui lui étaient confiés, et qu'il pouvait se rendre certain, en un instant, que l'accusation portée par cet homme contre moi dans sa lettre était une calomnie, puisqu'il avait à sa préfecture les comptes de ma commune qui prouvent que pas une obole n'a été portée par moi en frais de procédure pendant tout le temps que j'ai été maire, on peut voir quelle était la convenance des moyens employés par M. le préfet pour me forcer à donner ma démission.

Je ne tardai pas à la lui envoyer dans une longue lettre, il est vrai, parce que j'avais beaucoup de choses à dire à M. le préfet, avant de cesser toute correspondance avec lui, et même si quelqu'un pouvait avoir le désir de la lire, des copies littérales de cette lettre ont été et sont encore déposées à Évreux dans quelques maisons où l'on pourra en prendre communication.

Si cette narration a été si longue, c'est que

j'ai voulu faire connaître avec quelle ardeur et quels heureux procédés MM. les préfets poursuivent ceux qui ne veulent pas aider à tromper le Roi, en lui envoyant des députés qui ne seraient que les envoyés de ses ministres. Mais on aperçoit aussi quels funestes résultats sont la suite nécessaire de leur manière d'agir, puisqu'ils privent le trône de fonctionnaires éprouvés, qui servaient depuis long-temps l'état gratuitement et bien plus utilement, ils osent le dire, que des serviteurs qui font tout pour acquérir ou conserver des places si chèrement rétribuées.

Il faut enfin le proclamer hautement, les maux qui assiègent la France en ce moment paraissent grands, mais ils ne sont rien encore en comparaison de ceux qui la menacent.

Si les ministres destitués le 8 août, qui avaient eu la bonne foi et l'honnêteté d'avouer qu'il existait de grands abus, et qui avaient promis de les faire cesser, sont regardés comme ayant fait ainsi des concessions ; si les ministres actuels peuvent percevoir les impôts sans consentement légal, et avant d'avoir donné les garanties depuis si long-temps ordonnées par la Charte, et depuis si long-temps attendues ; si la dilapidation des finances peut ainsi s'exercer impunément ; si l'on peut conserver des places inutiles, les multiplier à l'infini pour se faire de nouvelles créatures, augmenter les rétributions de celles qui existent pour augmenter ses influences ; que tous ceux qui vivent en paix en ce moment, que tous ceux qui possèdent y prennent garde, leur tranquillité sera bientôt troublée, et de nouveaux impôts viendront les assiéger à chaque instant ; mais dans ces grands débats deux écueils bien funestes se présentent, et c'est aux deux extrémités de la Chambre des députés que ces deux écueils sont placés.

Ces deux extrémités, pleines de passions et de déraison, ont été la cause de tous les maux que la France a soufferts depuis le commencement de la révolution jusqu'à ce moment.

L'immortel auteur de la Charte le savait mieux que qui que ce fût, et comme il a fait la Charte pour guérir ces maux et opposer un obstacle insurmontable à leur retour, que tous les électeurs qui veulent l'ordre se rallient comme un faisceau autour de la Charte, au lieu de se diviser, et qu'ils envoient des députés à la chambre, dans lesquels ils reconnaissent des sentimens pleins de sagesse et de fermeté.

Que ces députés aussi se rallient dans les deux centres de la Chambre ; car c'est là où est la sagesse qui s'effraie des principes professés par les deux extrémités de la Chambre ; c'est aussi là où est la fermeté qui saura défendre la Charte de quelque côté que se présentent ses ennemis.

Je suis trop l'ami de mon Roi, de ma patrie, pour n'avoir pas fait, dans le moment de crise où nous nous trouvons plongés, tout ce qu'il est possible de faire pour indiquer la marche à tenir pour nous sauver ; mais j'ai trop peu de talent, trop peu l'habitude d'écrire pour que j'ose espérer d'avoir réussi complètement. J'espère au moins que mes lecteurs auront vu mes efforts avec quelque indulgence.

Tels sont mes vœux.

D'URCLÉ,

Électeur dans le département de l'Eure.